TANNINEN SATU

ANNI DOMINI

Anni Domini

Juureni Sisilian maassa,
mullassa niin ravinnekkaassa,
missä versosi viinipuut,
missä suuteli simasuut.

Anni Domini,
viini ja kauneus
suonissani virtaa,
mustaa katselen elonpirtaa.

Vanha nainen ruumiissa niin
nuorekkaassa,
sielu kaukana vaeltaa
pilvien välissä taivaassa.

Levoton mieli,
piiskaava kieli,
avoin oven pieli.

Tuskaa ,ja onnea,
hämmennän sanoja tonneja.

Anni Domini

_Then in the morning, and the night
kissing each other.
When we sleep the border of
encountered.
In my dream, you're by my side,
the hand you hold my hand,
You offer me the drops of your lips
kiss off._

_Then the morning hesitates a moment,
night and early morning hours with passion
make love.
Lingers, yet the shadows
some sleep on the ground.
At last, until the gray, gives way to
the light of the way.
I wake up, I get up from sleep,
I write a poem of hope on Thursday,
is it out of the melancholy chords.
A hint of love, it hangs
Otava closed. My heart is full of warmth,
you have marked the way, the truth, and the key
port
inside my dreams.
You are a breath of fresh sparkling wine Tokaj,
and I would like for you to be Anni Domini._

Minä kohtalooni alistun

Näin se on, me taivuttiin
voimasta kohtalon,
murtumispisteeseen
mielemme vaipui.
Me hiljaa alistuimme,
hahmomme kumaraan taipuivat.
Se maailma löi
voimalla moukarin
miestä voimakastakin.
Ei nainen heikompi
astia ollut, jousti
viimeiseen minuuttiin asti.
Se melkein liikaa sattui,
hän ponnisti valtavasti.
Synnytti kuollutta elämää,
enkelinsiipien hämärää.
Kauneutta elämä loi
sen jälkeen, kaksi
Eevan tytärtä samasta
istukasta. Kaksi peilin
heijastamaa tyttölasta.
Minä kohtalooni alistun,
taipuu kehoni kippuralle,
ja erakon maailma saa
luotua taas. Sen kuiskaan
nyt maailmalle.

Runo torstaille

Silloin, kun aamu ja yö
suutelevat toisiaan.
Silloin me unenrajamailla
kohdataan.
Unessani olet vierelläni,
kättä pidät kädelläni,
Tarjoat minulle pisaroita huuliltasi
suudeltavaksi pois.

Silloin hetken aamu empii,
ja yö aamuyön kanssa kiihkeästi
lempii.

Viipyy, vielä varjot
jossain unenmaassa.
Vihdoin kunnes harmaa väistyy
valon tieltä.
Herään, nousen unenmaasta,
runon torstaille toivosta kirjoitan,
on siitä poissa soinnut melankolian.
Aavistus rakkaudesta, se roikkuu
Otavassa kiinni. Sydämeni täynnä lämpöä,
sinulla on viitoitettutie, totuus, ja avain porttiin,
sisälle unelmiini.
Olet kuin raikas helmeilevä Tokajin viini,
ja minä sinulle tahtoisin olla Anni Domini.

ELÄMÄ

Elämä se kiertokulku kasvavien
dna-ketjujen. Alkuja, kasvuja,
loppuja aalloilla maailmankaikkeuden.
Tänään minä oman koneistoni rattaissa
epätoivoa, surua, pyörittelen.
Olen niin kuin lapsi kehossa aikuisen.
Avoimin silmin silti ahdistukseni
keskellä maailmaa katselen.
Huominen se on ahdistavapallo
joka kurkussani kuristaa..
Askeleeni kaiut, raskaasti asfalttiin
luo rytmin sisälläni kasvavien kyynelten.
Joka pieni hetki jossain syntyy elämää,
samaan aikaan sitä haihtuu pois,
ja ajanrattaiden väliin poistuu, katoaa.
Alkuja, loppuja ,dna-ketjujen.

Murhe

Joskus tulee murhe murheen luokse,
minä olen kuin muovailtava savi.
Muokkaa minut niin kuin tahdot,
tahtoosi tahattomasti taipuen.
Minä olen taipuisa ehkä joskus,
toisinaan taas murrun palasiksi.

Kapinoin joskus,
polulta eksyn,
sitten ohjaat tielle taas,
oikealle polulle kulkemaan.

Jo huutaa linnunrata ,laulaa avaruus,
meren aavat valittaa,
kadotetut sielut
kuiskaavat tuuleen.
Niiden valittavat äänet
yöllä unissani kuulen.

Pahaa verta

Emme ikuisuudeksi synny tänne kukaan,
kohta minä lennän ylös taivaalle
otan sieluni linnunradalle mukaan.
Minä petyin elämään, jo ennen kuin
se osaltani kunnolla alkoikaan.
En koskaan surujani osannut hukuttaa
viinaan, en kotiutunut asumaan kapakkaan.
Esi-isienkiroukselta ei voi välttyä kukaan,
pahaa verta suonissani virtaa.

Ei mafiaa suvustamme kai todellisuudessa
päässyt kukaan. Isoikä rautaa takoi,
aseita palkeillaan puhalsi, ja hiilet punaisena
hehkuivat.
Pahaa verta sisälläni virtaa,
sairaat geenit virranvietävänä lainehtii.
Elämä ei sitä voi antaa pois,
eihän hätäillä vois, rakkaus sammui
jonnekin katuojaan. Minä aivan turhaan
eiliseen nojaan, pysähtyi jo aika kohdalleni.
Kellot liianhitaasti, tai liian nopeasti eteenpäin käy.
Mihin jäi se aika jossa ei suru eikä katkeruus
ulospäin näy?

SATAKIELI

Kaikki äänet maailmasta,
vahingossa nieli kaunis satakieli.
Kakisteli kurkusta, pois yritti yskiä
ääniä ylimääräisiä

Niin aivan kiitteli,
nöyränä yskähteli
Suloista Suomenkieltä
yritti ulos tuoda.
Silloin kaunis enkeli,
käski hänen metsänlähteestä juoda.

Ja Jumalalle vei huokauksensa.
Kuuli Jumala enkelin vienon äänen.

Sanoi satakieli saa pitää mitä
vahingossa nieli, sille tulee
maailman kaunein ääni, nimeksensä
saa lintu satakieli.

Mustapeitto päivieni päällä

Kaikki häipyy, on vain nyt,
nainen vanhuutta kohden matkaava.
Liikaa hän on jo maailman pahuuteen kypsynyt.
Sammui maailmastani kaikki tähdet, taikka
en enää niitä huomaa nyt.

Se kuuluu asiaan, niin kuin sormus rasiaan,
kun siitä luovutaan. Se aika lipui ohitse,
kun tunne oli se, vain hetki eilisen, se että,
toisistamme juovutaan.

Niin äkkiä kaikki lämpö väliltämme haihtui pois.
Nyt vilu vain vilttini alle pujahtaa.
Minua palelee, tarvitaan pian täkkiä.
Aika mustanpeiton päivieni päälle heitti jo,
ja kaikki onnellisuus poistui kauas pois.
Onni oli vain, se pieni värisevä sudenkorento.

Jälkeen kaiken

Viimeinen piste jälkeen kaiken,
sen jälkeen ei enää mitään elämää.
Sitä ennen puhalletaan tulta
sammuvaan hiileen. Eletään
täysillä viimeiseen minuuttiin asti.
Vaikka kuinka haluaisin jo luovuttaa,
päästää kaikesta irti, ja kaipaus pois unohtaa.
Jos vielä jutellaan, ei voida koskaan
enää katsoa toisiamme silmiin.

Liian paljon tuhottua rakkautta taistelukentäile jäi.
Kuka siellä sisälläni vielä vikisee,
se on joku toinen, en minä se oo.
Kaikki jo nähtiin, siksi piste jälkeen
viimeisen lauseen. Ei ole aika enää
yhden ainoankaan kliseen.

Taas uusipäivä nousta saa

Se hetki kun yö viimein sammuu,
aamunkajo nousee ylös pitkin taivaanrantaa.
Sananlaskuun nousee uusipäivä tää,
aika vanhat haavat arpeutumaan saa.
Soitan kaikki vanhat laulut, jotka voivat
surullista, särkynyttä lohduttaa.
Ne ovat niitä kahdentalon tarinoita,
vanhoja itkuvirsiä, kadonnut tie rakkauteen.
Viimein nousee päivänsäde taivaanrannalle
tanssimaan,
minä neitiaamulle kumarran,
hän vie minut valssiin keinuvaan.

Taas uusipäivä nousta saa.
On hetkiä, kun kaikki liukuu pois kohdaltaan,
ja kaupunki nöyränä sylissäni pakkasessa
huohottaa.
Harmaa on hyväväri, sen jo niin moni ohikulkija
näki.
Kadulla lapsi heitti minua joulupaketilla, siinä
luki ohikulkijalle, sisältä sen löysin särkyneen
enkelin.
Se keittiönpöydällä jälleen ehjäksi liimattiin.

Sanojenpoljento

Joskus voi olla liiankorea se ihmisyyden
lyhytlento, niin herkkä siiviltään kuin
perhonen, tai sudenkorento.
Silloin on löydettävä se sanojenpoljento,
joka riimit ylös kohottaa, ja soinnut tanssimaan
saa.
On osattava elää tätä herkästi puuduttavaa elämää,
tehdä pieni jälkensä maailman rattaisiin.
Saada kaiken järjettömyyden keskellä,
punaisesta langanpäästä kiinni.
Olla niin kuin kirjailija, jonka sanat
versoovat kuin villiviini.

Mustafrakkinen

Taivas maahan katselee silmin tuhansin,
tunnen niiden poltteen ihollani,
olen pelokas kuin pieni orpokani.
Ne ovatko silmiä enkeleiden?
Kadulla kulkee mustafrakkinen mies,
hän kantaa mustaa soitinkoteloa,
onko siellä laukauksia viulukotelossa?
Minulla on sielu täynnä yksinäisyyttä,
sekä itsepäisyyttä, joka punoo kerälle
sitä vanhaa manillaköyttä.
Hirttonuoraako siitä tahtoo solmia?

Lapsuus

Lapsuus täynnä enkelinsiipiä,
mummon kanssa Nurmeksen kirkossa
laulamassa virsikirja nurinpäin.
Variksensaappaita, valkoiset kiiltonahkakengät,
ne olivat puristavat, kauniit, mutta epämukavat.
Tarkoitettiin vain, ja ainoastaan, prinsessan
jalkoihin.
Minä en ollut prinsessa, vain pieni
tanssiva pelokastyttö, maailman torien kasvatti.

Paperinukkeja, niitä sai kemikaliosta.
Tuntematonsana nykyaikana.
Markkinahumua, mustalaiset
tarkastamassa hevosenhampaita.
Hartola, puukkotappeluita,
sahanpurupalloja kuminauhanpäässä.
Lasten, punaisia muovilaukkuja.

Kaiken nähneenä

Kaiken nähneenä,
näen elämässä enemmän.
Näen rakkauden raastavan rikottua pintaa,
se ei koskaan kysy elämisen kohtuullista hintaa,
kun sydäntä viiltää ,satuttaa.

Kuka muistaa vilpittömästi
rakastaa, hullun leiman otsaansa saa.
Unta minä näen viisaan näkijän,
haluan rakkautta, rahaa liikaa en,
elämää parempaa sitä kaipailen.

Voi kun elämä olisi pelkkä
lämminjuttu vain,
monta onnellista paria
käsikkäin.

Panen elämäni tasaiseksi,
tämän raskaan elämän.
Olen tyttö, olen äiti,
olen nainen,
olen yksinäinen,
olen eläväinen;
sekä itsepäinen.

Sota- ajan jälkeen

Peloissaan sahanpuruja vaatteissaan,
aina vatsat kurnien,
isä keitti punajuuria padallisen.
Oksensi päivää seitsemän
ei enää koskaan punajuuria sanoi hän.
Nykyaikanakin ainaisessa
köyhyydessä sitä jatkavat sukupolvet.
Luukulta luukulle, se on tätä vuosisataa,
sota-aikana käveltiin pitkin junanrataa.

Pelättiin pommisadetta, miinoja.
Ilmatorjunnassa istui isäni,
ukki, ja mummo rintamalla.
Nyt jo lepäävät yhdessä mullan alla.

Nurmeksen kauppalan sota-ajan penskat
pelkäämässä, katoilla istuen.
Pelastuivat moni korvat kuuroutuen,
Kaarlonkatu 10, POMMISUOJASTA
menivät kaikki, muistolaatta siitä muistuttaa.
Muistelen mummon, ukin, isän kertomaa.

Tämän ajanlapset, kasvatettu kuritta.
Edellinen sukupolvi sai kärsiä, sodassa
sekaisin menneistä isistä. pienistä lapsilisistä.

Äitiyspakkaus Mannerheimin lastensuojeluliitto,
paperiset vaipat, emalivati, siitä se alkoi,
Suomen nousu kohti uutta lamaa.
Kaksituhattaluku kärsimystä, ilman sotaa,
pelkoa toimeentulosta, pelkoa melkein samaa.

Nykyajanperheet, viina, huumeet,
pettäminen, lapsen turvattomuus.
Poistettiin kodinhoitajat, äidit vedetään
piippuun asti, jatkuvaunettomuus rankaisee
armottomasti.

Perjantai

Perjantai peiton vetää
viikonlopun ylle,
lepäämään käy äitimaa.
Hän valmiina on syleilylle,
ketä Afrodite tänään rakastaa.
Ilmatar on kaunis niin,
hän lentää, nauraa kyyneliin.
Afroditen poika on maailman komein mies,
se jo äitimaa syntyessään ties.
Aalloilla avaruuden Otava ratsastaa,
sen vanavedessä kulkee sata sakaraa.
Tähdistöt maailman,
luo kirkkauden valtavan.
Pyrstötähteen tieni käy,
kun taivas punertaa,
tuskanviitan hartioilleen
heittää äitimaa.

Maailma on niin suuri lohduton,
ken voisi toista lohduttaa,
ja lohdutuksen ottajaa siunataan
kerta kerran jälkeen uudestaan.
Hän siellä avaruudessaan, katselee
alas maailmaan, ja miettii, pohtii
vaieten. Sisälläni soi tuulet katakombien.

Rakkaus ja viha

Kuin kaksi kapinoivaa lasta,
ne kulkevat peräkkäin.
Viha, ja rakkaus rintarinnan
vaeltavat, välillä halaavat toisiaan.
Joka avaa sydämensä rakkaudelle,
saa olla varuillaan ettei viha salaa
livahda sisään samalla ovenavauksella.

Emmekä voi muuta kuin olla
varuillamme, ettei viha tukehduttaisi
rakkauttamme.

Rakastaa ei rakasta

Tässä minä seison, joskus oli
rakkauttakin rinnassa.
Nyt mykkähuuto sisälläni, sielunpinnassa.
Alennusmyyntiin laitettu nainen,
liianylpeä Suomalainen.
Yksinäisistä yksinäisin,
siksi elämä on minusta kuin
eltaantunutta makkaraa.
Ei yhtään kukkivaa niittyä enää,
ei ainoatakaan päivänkakkaraa.
Ei irti revittäviä terälehtiä, rakastaa,
ei rakasta. Plussakeliä, kaamosaikaa,
vesisadetta, ei pakkasta.

Ajattomuuden häävalssi

Aika se hyppäsi ulos uomastaan,
suuteli veli Tuomastaan.
Minä virran yli hyppäsin,
Virran Olavin. Niin meri
kuiskasi alla avaruuden kuun.
Tulin hiljaa suureen unienseikkailuun.

Niin hiljaa on tuo aika,
joka tiimalasistaan pois karkasi.
Kuolema nyt ajattomuuden
kanssa häävalssiin käy.
Viikatenainen hymyilee,
on pysähtynyt aika.
Marraskuun maa on
tummuudessaan liian harras.
Nukkuu, päiväsäteet pois
kaamosajan yli.
Niin kaipaavat, sädekehin
himmein, kutsuu niitä
yön menninkäisten
pehmyt lämmin syli.

Myrskyn kourissa

Viimeiset syksynlehdet myrskynkourissa,
armottoman suurissa, tuhoavissa.
Vilpilliset ilman immet, tanssivat,
hyllyvät jalkojensa alla, kaikki suomättäät, rimmet.
Pettyneet peloissansa kuin ihmissudet silloin
ulvovat. Niskassani tunnen kylmät kalmakourat,
kohta on asennettu Suomenmaahan kaikki roudat.

Sinä piileksit kavaluuden takana, yhä huopaat,
soudat. Synninsiskot talven alta keräävät pois
kaikki sisiliskot.
Aivoni ovat kuin valjastamattomat kosket,
iskee suurten sanojen tulva. Se kelluttaa minua
aivojeni ulapalla, on laituri karannut rannastaan.
Minä sillä kellun , sanat saartavat uupuneen
kirjoittajan.
Olen vankina viiden vilkkaan lauseen välissä,
pilkku, ja piste siellä täällä. Unensatamassa
luistelen jäisten kliseiden päällä.

En löydä maailmasta palelevasta,
häntä joka pysäyttäisi tämän sanojeni myrskyn.
Toiset onnen löytävät, ja maailma heille hymyilee.
Minä olen se hän, joka hukuttavien sanojen suossa
turhaan lymyilee. Ei ole edessäni tyyntä, ei
myrskytöntä ulappaa.

Illuusio

Saapui yö, joka
sitoi meidät seitin
lailla mustaan samettiin.
Oltiin niin kuin kiiltomadot,
toisiemme kutsun löyhkään antauduttiin.
Oli hetki, jolloin oltiin me
vain yksi kokonainen ihmisyys.
Se pieni hetki, jolloin pois
riisuttiin ympärillemme
puettu itsekkyys.

Niin tahtoisin sen hetken
vieläkin jatkuvan.
Vaan saapui aamu valoisa,
ja vei sen illuusion pois.
Ei me oltu Peppi ja Illusia,
vaan öinen kiiltomatojen
paritanssi, haihtui valon myötä pois.

Muutos

Sinä yönä syntyivät hauraat jäät,
hyytyivät veden valumisesta räystäänpäät.
Alkoivat syksystä erkanemaan kylmemmät säät.
Silloin olivat syksyn, ja talvenhäät,
ne valssia tanssivat luonnonajat kovin itsekkäät.
Olin jäisestä lemmestä aivan turta, ja
kirkkaimmat tähdet saivat taivaan valosta
sykkimään.
Muutos huomaamattomanraju, sinä yönä hävisi
kaikesta ajasta järki, sekä taju.
Yhdessä olemme, toki emme, ylpeyden keskellä
nielemme vain kyyneleemme.

Jazzin tahdissa hoosianna

Lasken taivaan tähtiä yllä nietosten,
niin suuri, ja kylmä on avoin avaruus.
Tänään jälleen, sammuu, syttyy tähti
uljain uus. Silmäni ne ovat ainoat kekäleet
yön kylmimmän, minä tänään taas siitä
teen uuden sävelmän.
Aika kulkee kulkuaan,
lumen keskellä asuu peikko menninkäisten maan.
Minä olen pian sammuva päivänsäde viimeinen,
sisällä lokakuun yksin kylmyydestä hytisen.
Talvensylissä on aika jäärouvan rakkauden,
pitkä talvi edessäpäin. Kristallit helmikuussa
räystäslautoihin hän asentaa, niin silloin
taas rakkaudesta sokeutua saa sydämiemme maa.

Minä häiritsin talvensylissä nukkuvaa rakkautta,
liian aikaisin, aivan liian aikaisin.
Kuka olet tiedä en, kuka olen,sitä ymmärrä en.
Tiedän vain on aika kuurankukkien, noiden
jääruusujen.
Anteeksi, anna , jos tunteesi eivät kylmässä hyvin
kanna.
Sillä on jäätyneet siivet, ja enkelitaivaan vasta
joulukuussa
laulaa jazzin tahdissa Hoosianna.

Tulitikkutyttö

Sinä sanoit että minulla on linnunlapaluut, ne
täytyy esiin saada
kunnolla näkyviin selästäni, että opin kunnolla
lentämään.
Rakkautta rintaan, vahingossa raapaisit, olin se
kuiva tulitikkutyttö
syksyn sylissä, yönpimeydessä piilossa näissä
maailmankylissä.
Lokakuu lohdutusta yksinäisille, Mustasta pörssistä
tiskin alta myy.
Minä hukkasin sen alennuskupongin viimeisen, silti
ota minut syliisi.
Kietoudun kiinni sinuun, paljon on myönnettävä,
että ei olla kuin
öljyä, ja vettä. Vaan ne magneetit, jotka vetävät
toisiaan puoleensa.

Sisälläni kokko palaa lokakuussa muilta salaa, sinua
suutelen.
Ylläni tähtitaivas, ja lohduttaa lentävien lehtien
lokakuu, missä on hän mies naurusuu?

Talven lapsi

Sumu suosta ylös nousee taas,
lammenpintaa tanssittaa keijukaistenpiiri.
Sisälläni sanat uudet syntyvät,
ympärilläni kaikki tuulet tyyntyvät.
Vaihtuu yö aamunmaaksi, päivä kohta ajan
valjastaa.

On aika muuttaa keijukaisten, lämpimille maille.
Kesä ohi on, kuinka paljon jäinkään sen lämpöä
vaille.
Olen silti lapsitalvenmaan, pakkasen puremaa
en pelkää. Osaan silloinkin sinua rakastaa,
kun on syksyinen sadesää.
Voit tulla luokseni silloinkin, kun myrskytuuli
ulvoo kaislikossa, ja viimeiset sorsat lähteneet
maihin lämpimiin. Voit tulla minun peittoni alle,
siellä on yksi ainoa paikka miehelle arjen
uuvuttamalle.

Maa aikojen alussa

Oli maailma aikojenalussa,
syntymässä Suomenniemi
Kalevalan kansankotimaa.
Äitimaa synnyttää,
ponnistaa poloisen tyttären,
siitä tuskasta syntyy
runotar ilman impi;
Afroditen tytär
kaikista kauniimpi.

Unessani utuinen historiaa,
tunsin kuinka syntyy maa.
Merestä luoto nousee,
pohjasta kari ponnistaa.
Joutsen joutuen munasta
muodostuu,
sillä on pitkä kaula,
terävänokka,
joka on sen suu.
Syntyi suloinen Suomenmaa,
maa aikojen alussa
joutsenkaulainen Suomineito
unessani miekanterällä seistä saa.

Vain yksi sana

Sano vain yksi sana niin tulen luoksesi,
minä voin olla päivänsäde sinun vuoksesi.
Ajassa tänään kaikki oudosti irti on,
minä lokakuussa näin tanssivan sudenkorennon.
En tiedä kirjoittaisinko laulun rakkaudesta,
vai kertoisinko tarinan, keijusta, peikosta,
pimeydestä.

Menninkäinenkin luolanpimeimmän tarvitsee
sydänystävän. Tänään elämästä ymmärrän
enemmän.
Kuitenkaan en sitä tiedä mitenkä teen siirron
seuraavan,
tiellä elämän.. Ei maailmassa kaikki tarinat
päivänvaloa
kestä.Täytyy kaikki lika, pahuus pimeyden
pilaamasta
hetkestä pois pestä. Tarinoita eilisestä, huomisesta,
uuden taiteenluomisesta. Runoilijankehdossa
keinuu
aina monta kasvavaa tarinaa. Ajanaallot avaruutta,
sekä sanoja jatkuvassa metamorfoosissa keinuttaa.

En tiedä olenko hereillä

Raunioiden takaa nousee taas yksinäinen
pariton kuu. Niin yksinäinen on se hän,
joka rakkautta todistaa saa niin monen ystävän.
Ympärilleen katsoo se ja aistii uuden elämän,
alla taivaankaaren valtavan. Missä olisikaan se
rouva kuu, pallonmuotoinen punahuulinen
naurusuu?

Kesä olihan se äsken tässä, mutta kuihtui jo pois.
Lämmin sää, jos se täällä meillä aina olla vois.
Silloin ei kukaan enää kuumaa teetä koskaan juoda
vois. Minä olen se kesykyyhkynen, parvessani ainut
joka en ole parillinen, nokkimisjärjestyksessä se
viimeinen. En taas tiedä olenko ollut aina hereillä,
vai meninkö joskus nukkumaan.
Se sama väsymys, sisälläni sijaa etsii, minkä
jostain muistoista eilisen, takaisin kuvasti peili
eteisen. Mieleni sen lyhytlento välissä sanojen
kliseisten, siinä onko tie , ja totuus, unelmat
eilisen. Usein yksinäisyys sisälleni kaivaa kuoppaa
valtavaa. Ystävää rinnalleen, kaipaa nainen
sanallinenkin, silloin kuin lihallisuus jostain
vallankahvasta osaa puristaa.
Outo hypnoottinen tuijotus, sitä kaipaa sisälläni
asuva taivas, sekä rakkaudenkeinuvamaa.

Rakkaus on niin kuin ruoste

En kuulu niihin ihmisiin jotka
voidaan lokeroida kerroslaatikoihin
kaupunginslummeihin.
Rakkaus se on niin kuin ruoste,
tarttuu pysyvästi kiinni housunlahkeisiin.
Niin me käsi kädessä hetki
hämärän keskellä luisteltiin.
Neiti kevät se pukeutuu harmaaseen
viittaan, valoa tahtoisin hänen vaatteisiin.
Nyt minä olen oudossa unessa sängynpohjalla,
neiti kevät tule minut ylös vetämään.
Maailma sinulle jo niiasin,
polvillani konttaisin, että antaisit
minulle anteeksi eilisen.
Huominen ei saa olla peili sen.
Keskellä olen melankolisen katumuksen.

Missä lentää satakieli

Hän mies kuin paholainen katsoi minua,
kuin halpaa makkaraa sai sisälläni epätoivonkellot
soimaan.
Niin kuin energiasyöppö nälissään,
hän imi sielustani iloa, ja valovoimaa.
Surmasi sisältäni sen, äänen satakielen viimeisen.
On vain tämä hetki tässä, ja nyt sateenkaari
taivaaltani on pois hävinnyt. Jo sulkeutuivat
verhot kauneimmanparatiisin, Eeva elämänpuusta
omenan anasti. Käärme korvaansa, kun sanojaan
kuiskasi. Aatami aittapoluilla siemensi
salaista elämää. Suo kuokkansa, ja Jussinsa sai.

Syntyivät katajaisen kansankorpisoturit,
veli veljeään vastaan taisteli. Pontikkaa
Ryysyrannan
Jooseppi keitti, ja maisteli. Oi suloinen
Suomenmaa,
ei vettä rantaa rakkaampaa. Missä on oksa sen
viimeisen kummajaisen, missä laulaa maailman
kaunein ääni, missä lentää satakieli ylläpääni?

Alku Kalevalan

*Kuka surmasi satakielen, kuka toivoi
mykkyyttäni, kuka vei sen kielen?
Maa aikojen alussa, merestä nousee luoto.
Kari kaveriksi pohjasta ponnistaa.
Avaruuden galaksilla eli esiäiti satakieli,
kaiken äänen tähdistä, kuista sisällensä salaa nieli.
Niin syntyi maailman kaunein lauluääni,
se kiiri korviin Jumalan, joka hihojansa ylös kääri.
Päätti luoda maapallon, sisälle avaruuden
samettisen
mustankallon. Puhalsi itiöitä keuhkoistaan,
sai aikaan alkuräjähdyksen.*

*Niin syntyi myös Suomenniemi, Väinämöisen
meille synnytti yhdestä itiöstä, antoi miehelle
hauenleukaluut, sanoi soita vaka Väinämöinen.
Soita niin että syntyy ilman immet, nuoren neitsyen
vaimoksesi saat, kunhan soimaan saat
hauenleukaluut
voimakkaat. Se oli alku Kalevalan, alku
Suomenmaan.*

Maailmankansalainen

Elämä se on kuin teatteri, ilman näytelmää.
Minun ei tarvitse olla näyttelijä, minulla
on aidot tunteet, sydän sekä pää.
Vaikka sydämeni lasijauhoksi särjettiin,
ja tuuleen kaikki tunteeni lensivät pois.
Toivoa osaan, että huominen parempi paikka
täällä meille elää ois. Minä puhun mykille seinille
ne kyllä kuuntelevat, tuntuu ihan niin kuin niillä
korvat olla vois. Olen maailmankansalainen
silti Suomalainen nainen.

Ajatus

Sanoista on tullut ase jolla lyödä,
tai puolustaa.
Aina voi sanansa syödä,
tai äänensä myydä saa.
Väitellään vähän,
sanoja lisään tähän sen verran,
että ajatus hetken lentää saa.
Vaeltaa kohti aivojen alalaitaa.

Ajatusten villiviidakko,
sanattomuuden samea savanni.
Mielialan oikukas katakombi,
vailla ulospääsyä, jos ahdistus
sammuttaa sielun terveenä palavan liekin.

Minne tänään polkumme viekin,
minä hyvää huomenta, päivää
toivotan. Hullu huhtikuu,
herättää mielikuvitukseni vilkkaan.
Ajatus se laukkaa jossain kaukana jo,
nyt on torstai, kohta se menee ohi
laskee ilta-aurinko.

Turhanpäiväistä on älykkyys

Sisälläni pieni, sekä hento ote elämänlaidasta kiinni.
Kivunpihtiote lujasti tarttuu nivusiini.
Meillä on yhteinen viha/rakkaus-suhde samaan elämään.
Minä vain pimeyden sisälläni tänään enää nään.
Turhanpäistä on älykkyys, jalat maassa, silti tasapainoa keinuttaa,
kuin laivankannella myrskyssä raivokkaassa.
Valojen ja varjojentango pimeyden keskellä,
liikkumisentunne, päätä kiristävävanne.

Neurologinneuvokkuus, viimein saapui taas aamu uus,
uusi tulevaisuus. Tämä satuttava tunne sisälläni, kivun
vellova raivokkuus. Minä hampaat puren yhteen, hoen, kestän mitä vaan, niin kauan kunnes minut hengiltä kidutetaan.

Värit sydämeni

Värit sydämeni ne tarttuvat puidenlehtiin
ruskasta punertaviin. Syksy saapuu taas,
minut ylpeydestä puhtaaksi riisutaan.
Minä olen kohta tuonetar, ensin hiukseni
hopeakruunun yllensä pukea saa.
Vielä naista tarvitaan, synnyttämään
tytäräitimaan, ponnistamaan potra poika
maailmaan.
Routa rajaa ääriviivat sydämeni, minne
pakoon kaikki rakkaus meni, kaiho täyttää
sydämeni.
Joutsenet auran kohta taas muodostaa,
Suomineito, missä immen itkuvirsikannel ?

Routaan täytyy soittaa koko maamme manner.
Kohta päivä uusi nousee taas,
minä kielet viritän kanteleeni kauneimman.
Sormet nostan kielten ylle, suljet sävelet
lämpimälle syleilylle. Tanssi taivas, tanssi maa
minä nainen soitan, laulan, nosta ylös
joutsenkaulan.
Anna ilmoille äänien tulla, tuutulaulun tuonettarelle,
ilmojen immelle itkuvirren, alla talven tulevan.
Alla Otavan oikuttelevien tähtien, missä ilmatar
äitisi on, missä isäsi istuu?
Seitsemän tähdenkö alla, taivaan suurella ikkunalla.

Sunnuntaina

Silmät kirvellen nauran kera enkelten.
Taivaalle salaa vilkuilen.
Nyt ymmärtää minä yritän
tätä kiertokulkua elämän.

On aika kylvää, sekä niittää pois,
ilman katkeruutta nämä
kasvuvuodet, jos elää vois.

En koskaan tyyntä toivonut,
vain purjeeseeni tuulta
edespäin kantavaa.
Merenulapalla tahdoin
vain kuin tuulispää
purjeveneellä matkustaa.

On myrsky pois, vedenpinta tyyni niin.
Nyt saapui jälleen sunnuntai.
Lepään hetkisen, ja rauha sijan sisälläni sai.

Viitaten komiteamietintöön

Kohderyhmälle on luotava kulutustavaraa.
Muuten et voi luoda sitä hyvää elämänuraa.
Syyskuu tuo mukana sateita, sitä kuraa.
Sieluni on kuin peltiä, tai rumpukalvoa,
kokouksessa, ryhmässä lujaa huudamme hurraa.
Missä on se poika pellavapäinen,
hän on nykyään, mies vatsakas, kaljupäinen.
Tässäpä on arkinen tarina, poissa on jo
se vuosikymmenten takainen hetekannarina.

Mitä puuhaavat tyypit itsekkäät, ne leivän köyhän
suusta ryöstää voi.
Viitaten komiteamietintöön, tämä laki
kumottakoon.
Leikkaamme kodinhoitotukia, siitä iltasanomista
tavaa lukija.
Niin ollaan napit vastakkain, rikkaat kaivavat rovot
taskustain.
Maailma se päiväpäivältä huonompaan suuntaa
muuttaa meitä.
Se on enempi täynnä piruja, kuin suojelevia
enkeleitä.

Naisia kulkemassa ilman huntujaan

Minä lauseita kesytän, riimit soinnut runoiksi
väsytän.
Annetaan ihmisten viihtyä, sanoista provosoivista
kiihtyä.
Moni minulle tulee sanomaan, onpa tytöllä sana
hallussaan.
Kirjoita meille tarinaa, joka kertoo kipeistä asioista.
Älä liikaa kirjoita rakkaudesta, kauniista elämästä.
Kerro siitä, kun Isman saapui kaupunkiin,
ja tyrmistyen törmäsi länsimaiseen kulttuuriin.

Niin olivat kadut täynnä naisia kulkemassa ilman
huntujaan.
Se miehen sai sekoamaan, hän kulkee hullunkiilto
silmissään.
Miten kumartua voi Mekkaan päin, kun taivaalla ei
johtotähti näy.
Miten maamme ihmisyyden tulevaisuudessa nyt
käy?

Tähdenlennon aikana

Tähdenlennon aikana,
sano se taikasana.
Seitarumpua rummuttaa saan,
kipinät nuotion jo ylös
yöhön pimeään lyö.
Revontulien siivillä ratsastaa saan,
aika näyttää tien sinne kairan kaltioon.

Minä valkoinen peuralapin yössä olen.
Lumi talvin tuiskuaa,
kun peuran sielun alleni mä saan.
Laukkaan yli kaamoksen, yli lapin maan.

Sä poltit sydämeeni nimes
seidan tulikirjaimin.
Vie yöllä unessa yhteiset
askeleemme seitakiven luo.
On unessani sinun hahmosi
kaikkein suloisin,.

Soi noitarummut suurin
sävelin pumtsi pumtsi pum.
Se rytmi sydäntemme syke tarttuvin.
Rummunkalvot kiihkeänä
värisee, joka solullani

huutaa yö. Noitarumpu villinä tärisee.
Joka solullani sua huudan mun luo.

Aika pakenee, yön tummuus sakenee.
Huuma yön vain nostaa myrskyn koilliseen.
Kaipaus tarttuu kiinni, mun pieneen sydämeen.

Tämä muistot varjoineen,
ne minua seuraa minne vain meen.
Jos tahtoisit puhaltaa hiileen hehkuvaan,
niin kanssasi jälleen jaan
tämän kairan, suuren lapinmaan.

Sunnuntai

*Minä avasin aamuvetoketjun
pujahdin liukkaasti sisälle
päivän nousevaan kaapuun.
Oli sunnuntai ei kiirettä minnekään,
oli aikaa hengittää rauhallisesti
huohottamatta.
Aika oli tänään minulle armollinen,
tarjosi teetä ja sympatiaa hopealautaselta.*

*Tartuin maltillisesti aamun tarjoukseen,
on aika rauhoittua sunnuntain sylissä,
tämän levottomuudenajan maailmakylissä.
MINÄ OLEN ELOSSA.*

Pariton

Annan kasvaa tunteiden, niiden varaan heittäydyn.
Olen elänyt liian monta vuotta, oppiakseni
kantapäänkautta kaiken sen mitä vastaan
kynsin hampain taisteltiin.
On paratiisissani asukkaana vain se kavalakyy,
se seksioppaita parittomille ihmisille naurusilmin
myy.
Pariton, se tunne sisälläni merkitsee sitä, olen
arvoton.
En enää usko ihmeisiin, ne seitsemän sinetin
alle lyijyarkkuun, kadotetunparatiisinluolaan
piilotettiin.
Nyt on jäljellä vain tämä elämä risainen,
että vierelläni kulje hän, joka hellyydellä
tarttuisi käteen ihmisyyden.
Kuljin tarpeeksi kauas, ihmisyyteni rippeet
kantapäilleni kasvavan näin.
Valon yksinäisen sisältäni silloin
hohtavan huomasin, yllättäin.

Neonkäärmeet yössä saalistaa

*On tuuli vienyt pois tuoksut päivän, vain
neonkäärmeet yössä saalistaa.
On häkkiin pantu ihminenhän liikkuu lailla
juoksupyörähamsterin.
Hän tekee mitä vain, kun rahantuoksu ilmaan
leviää. Niin sekaisin on aivot, kokopää.
Hän uhraa lampaan, karitsankin. Rahanhimossa voi
ryöstää pankin.*

*Niin kohta koittaa jälleen keskiyö, taas tornikello
jossain aikaa lyö.*

*Nyt lyökää, syökää, ryöstäkää, ovat kadut täynnä
elämää. Nyt hulluudesta nauttikaa, ja lapset
maailman, niiden nälkäisien pallomahat ne eivät
mitään merkitse.
Te haluatte vain kaikki rahat, mammona, ja valta
vain maailmassa hallitsee. Ja keräykseen lantti
antakaa, se omatunnon hetkeksi vaientaa.*

*On tuuli vienyt tuoksut päivän, ja mennessään kai
järjenhäivän.
Vain neonkäärmeet yössä saalistaa, ja uhrinsa
kapakoissa, kellariluukuissa tahtovat
elävältä kuristaa.*

Punamekkoinen

Taivas oli helteestä raskas,
yönpilvet painavaa hattaraa.
Niin pihapuussa lauloi rastas,
ja minä aloin laulaa sen kanssa
yhteistuumin aariaa.

Olin se nainen, joka astui pihatiellä
punaiset helmat heiluen.
En voinut kyyneleitäni niellä,
vaikka yö oli kaunis, sekä ihmeellinen.
Päivän paahtamin kanelijaloin,
minä tietäni eteenpäin taivalsin.
Mustat hiukseni tuulessa keinuen,
villisti vilkutti puidenoksien välistä tuuli.
Minä olin se verevä, muodokasnainen,
olin se eloisapunahuuli.

Kerro se totuus

Elämä, jos olisi aikataulu vain,
niin olisivat lähdöt helpompia kohdallain.
Palaisin yöllä kello kaksi,
kun takaisin tuo minut uninen taksi,
jos järkeni unelmistani palaa
vai vieläkö sydämein pettää ja halaa?
Kuin Juudas, huulet puhuvat toista,
mitä sydän salaa. En vannoa voi
mitään lemmenvalaa, sillä ovatko
ne tehty rikottaviksi.
Kerro se totuus jo, vai onko se
suuri riski. En tahdo sydämeni
särkyvän teräviksi palasiksi.

Avaruudenikkunalla

Niin kaikkivaltias, hän löysi sakset,
sitten niks, ja naks. Tarttui parillisiin
kortteihin elämän .Leikkasi monta
korteista huvikseen, kun oli turtunut tylsyyteen.
Parittomat kortit, puhalsi hän tuuliin maailman,
niin minäkin lensin, tunsin sieluni palelevan.
Imen itseeni valoa radalla tähtien,
niin yksinäisyys huutaa sisälläni,
siitä päivästä lähtien.
On yö, ja avaruudenikkunalla äärettömyyttä
tuijotan. Niin kuuntelen, galaksien huminaa,
ja maapallon liikkeistä outoa ajankuminaa.

Joensuu

Henki on vahva, ja vähätkin sanat
riittävät maailmassa suuren luomiseen.
Minä nilkuttaen vieressäsi katson
huomiseen. Tahdon käteesi tarttua,
kulkea kanssasi syksyn ensimmäiseen sateeseen.
Minun iloani elämästä, ei aika syö,
vaikka viikatenainen kipeästi nilkkaani lyö.

Elokuu, ja Joensuu on kaupunki
jalkojeni juuressa, kävelen kaduillasi.
punaisessa sadeviitassa suuressa.
Joensuu on kaupunki jossa sateella
vielä käytetään saappaita kumisia.
Vielä on aikaa siihen hetkeen, kun
kuljen katujasi lumisia.
Silloin Sointulaan tieni vie,
siellä on joukko empaattisten ihmisten.
Sointulalle tämän lauluni sanoituksen teen.

Tellervo

Aamut antavat, päivät haavat parantavat,
illat kantavat. Kutsuu unensyli, silta johtaa
todellisuuden, ja utopian yli.
Olen palkkalistoilla Amorin, teen
runonluojana sen suurimmantyön.
Olen kasvanut kiinni, sointuihin, riimeihin,
Joensuunkävelykatuun.

Se onko niin, sinut minun runoihini
kiinni ankkuroitiin. Se oli osasi sinun,
olla muusani minun.
Näillä päättömillä teillä tunteiden,
minä riipaisevat riimit kirjoitan rakkauteen.

Näillä sanoilla, jotka ovat sisälleni istutettu.
Suomenkieli kaiken vaikutteen,
muista kielistä kai sisällensä joskus nieli.
Kalevalan kansan ajasta, Sampo taottiin
oravannahkoista, markoista, euroihin vaihdettiin.
Tellervo metsänjumala Tapion tytär,
missä on mielitiettysi, missä uljas Urho.
Jossain joutavilla jäljillä, oravanpyörässä
hankkimassa kunniaa, ja rikkautta.
Ihan turhaa tavaraa, sitä ei voi viedä
Tuonentuvan taa.

Saisinko palan karhunlankaa

Luonasi en olla saa, karavaani kaipuuta
kohden, yöllä yksin pimeydessä ratsastaa.
Rakkaus, se niin turhiin sirpaleisiin hajotettiin.
Minä kielsin koskaan sitä ollutkaan,
olin niin kuin Juudas roolissaan.
Yö se saapui ylle elokuunyönyön,
minä sanoja nielen, paljoja niistä jäi alle kielen.

Rakkaus missä sen hauta on,
missä sirpaleiden sija lohduton.
En osaa kertoa aamuyöntähdille rakkauttani,
tähän elämään. Sisälläni lausumatonajatus,
toive palasta karhunlankaa, jolla kaikki
särkynyt taas ehjäksi ommellaan.
Jokainen meistä täällä omaa matkaansa, matkustaa
kohden keidasta erämaan.
Minä tahdon vain, särjetylle sielulleni
palan karhunlankaa, jolla se kasaan ommellaan.

Aamulla

Kasteiseen aamuun tieni käydä saa,
jalkani kevyesti ruohikossa askeltaa,
niin heinä askelteni alla taittuu taas.
Varjoissa nousevanauringon,
herää taas uusi päivä nousee horisonttiin.
Haukotus, se huuliltani salaa livahtaa.
Pala taivaanrantaa minulle antakaa,
seesteiseen päivään nainen kantakaa.
Ikuinen rytmielämän, siihen oman
sävelmäni lahjoitan.
Tehkää matkastani kevyempi,
ystävät rinnallani, olen teidän lähimmäinen.
Tuulihiuksinen kirsikkasuinen,
kirjoittavanainen.
Tämän kotimaan , Suomenkansalainen.

Kallon sisäinen matka

Olen matkalla taas kallon sisällä umpiluussa.
Siellä paikka on ystävälle vaikka käynyt
hän ei kanssani unelmoimassa aikamatkalla kuussa.
Olen sillä matkalla taas, joka kehää samaa kiertää
mykkien sanojen suussa.
On liian helppo matkustaa, kun on kirjalijan aivot,
mieli aina sanojen muokkailussa.
Minä matkustan taas kohti kiintotähteä,
lähelle utopiaa, kun kaikki liikaa ahdistaa.
Niin on kirjoittavan naisen helppo matkustaa,
ei siihen passia tarvita lain.
On maailma suuriseikkailurata keskellä ajatuksien.
On välimatka lyhyt välillä Galaksien,
sanojenpoltteen sisälleni sain.
Se liekki on tai hehkuvakekäle vain,
kun siihen puhallat niin voit matkalle lähteä
keskelle ajatuksiain.

Iloiseksi

Ensin halaus, ja tulee iloiseksi.
Kuka sen parantavan vaikutuksen keksi?
Jonkun kanssa tuntee itsensä läheiseksi.
Joku saa tuntemaan olon aina kiireiseksi.
Toisten kanssa menee aina jutut muistelemiseksi.
Kolmannen kanssa puuroudumme aina
kokkareiseksi.
Ystävän tapaaminen menee aina riemuiseksi.

Lapsien kanssa aika menee aina välittämiseksi.
Narsistin kanssa elämä , tukahduttamiseksi.
Kukaan muu kuin minä itse ei voi tehdä elämääni
onnelliseksi.
Ja se mistä kaikki aina haaveilevat sitä kutsutaan
rakastamiseksi.
Sen jälkeen vasta kaikkein parasta on läheisyys ja
seksi.
Voisin kirjoittaa vaikka kuinka paljon tämän
jälkeen,
mutta nyt menee kyllä lopettamiseksi.

Elämää

Minä väsyin puhumaan vierasta kieltä.
Siinä ei ollut mitään mieltä.
Suussani soi sanat suomenkielen kauniimmin.
Oli palattava kotiin takaisin.
Niin minä maailmankansalainen,
sain identiteettini jälleen takaisin.
Se tunne oli täynnä tunteettomuutta.

Minä Takataskussa vuosienjälkeen
sen kauniin päiväperhosen Katrin näin.
Niin hän silmieni edessä kauniisti liihotti.
Minä olin tietenkin selvin päin.
Silti me yhdessä liideltiin,
yöperhonen, ja päiväperho rinnakkain.
Unelmilla voi olla kantavat siivet,
ne vievät meidät joskus jonnekin.

Elämä sitä ei pysty huijaamaan,
sinä mies olet aina mielessäni
maailman komein kolli, etkä ole nimeltäsi Olli.
Niin minä yhä sisälläni kannan sitä
samaa rakkautta. En ole vielä opetellut
jakamaan minun korttejani ilman menneisyyttä.
Nyt kaipaan vain uutta tulevaisuutta,
päivää kirkasta uutta.

Valo päässä tunnelin

Nainen hän elää tässä hetkessä,
älä käännä veistä minun haavassa.
Valo loistaa päässä tunnelin,
missä on se juna jonka kyydissä
sinut pois menetin.
Minä en muuraa sydäntäni umpeen.
Se kelluu mutaisessa vedessä väpättäen,
kuin kukka lumpeen. En ehkä tänään
tiedä minne menen, mitä teen,
mutta uskon helpottavaan huomiseen.

Voi kuinka toivoisin olevani se
kuumavirvatuli, Suomineito kupeillani
ikuista kuumaapoltetta.
Ei hän mies tiennyt, kuinka minä
olin häneen syttynyt, kuinka olisin
sylissänsä laavaksi muuttunut.
Ei mistään ole koskaan raahannut
mukaani yhdenyön Toivoja.
Minä haluaisin uskoa melkein
ikuiseen rakkauteen. Yhden ainoan
miehen elämääni haluan.
Olen nainen isolla n-ällä.
Ketä minä tottelen, sisintäni vain kuuntelen.
Minä olen minä, yhä hengitän,
riimejä, sointuja tekstiksi kengitän.

Pieni iltasatu

Ihmiset joilla oli sisällään hyvä sydän,
ne kokoontuivat aina isoiksi ryhmiksi
toistensa seuraan. Ne puhuivat harkiten,
eivät koskaan puhuneet toistensa päälle.
Höristivät korvanlehtensä tarkkaa
kuunteluvalmiuteen, kuullakseen ystäviensä
viimeaikaiset kuulumiset.
Painoivat kuulemansa asiat tarkasti mieleensä,
löydettäväksi oikealla hetkellä muistamista varten
aivojensa oikeisiin poimuihin.
He olivat empaattinen joukko, aina tukemassa,
ja lohduttamassa sen tarvitsijaa.
Niin eri-ikäisiä, erilaisen taustan omaavia ihmisiä,
heitä kaikkia yhdisti yksi ainoa asia
juuri oikealla tavalla hyvä, empaattinen sydän.

Voimamies

Sun täytyykö olla aina se voimamies.
Puskea esteiden läpi, kuin raivohärkä.
Et ole enää se poikanen, jolla korvantaus on märkä.
Ajatteletko sitä tuhoa ympärilläsi kukaties?
Niin paljon sirpaleita, joita ei voi
liimata oikeille paikoilleen.
Minä niistä kokoan palapeliä
kasaan saviruukkuni särkyneen.
Ne kyyneleeni, helminauhaksi jo pujotettiin.
Minä hiuksiini sen nauhan kiinnitin,
kun hiukset siihen pitkään lettiin päätettiin.
Sinä aina tahdoit ennen nukahtamista
sormesi hiuksiini pyörittää.
Se oli yhteinen rituaali, ennen kun erottiin.
Minä sinua joskus muistelen,
hammastani purren, ja nielen sen
kurkkuuni nousevan palasen.

Myrskyjen keskellä

Naisen mitta on se tilaa ei
riitä liioille kyynelille.
Hammasta purren, salaa
ehkä surren. Kuivattuja kyyneleitä,
säilön muistojeni maljaan.
Silkkisukissani minä tanssin
näillä jaloillani, jotka sain merenneidon.
Myrskyjen keskellä hetkittäin
laulaa minulle Poseidon.
Umpikujassa, jotain arvokasta
sydämessäni, se on liiansuurta, rakkautta.
Elämää suurempaa tunnetta.
Maailman kansalainen, Suomalainen
suurisanainen nainen.
Nämä kädet kehossani näillä
en saa hiuksiasi silittää.
Sitä kai se runotar tekstiksi
sisältäni tilittää.

Niinkö?

Hyi huijareita marttyyreiksi
tässä maailmassa auliisti juonitaan.
Minä en ole kertakäyttönainen,
en ole miehen orja, en tohvelin alamainen.

Mies mene sinä vaan,
minä kuvasi liimaan muistoksi albumiin.
Nyt kohtasit sen Domiinisen Annin,
joka pelasi ajatuksesi läpi kuin pasianssin.
Minä vaatteeni revin sinun syntiesi tähden.
Ole en mikään marttyyri, olen vain nainen.
Vahva kuin kallio, surullinen joskus.
Kyynelten syntymisen syli ,murheen lohdunsyli.
Minä suruni usein niihin särkyviin
ruukkuihin piilotin.
Niitä on kellari täynnä, niihin mustan etiketin
liimasin.
Sinä tähän sanoisit niinkö?

Epätavallinen oinas

Korillinen raastettuja tunteita.
Viipale hyvää, paljon kaipausta,
surua yksi raita. Korin laidalla
roikkuu kyynelistä märkä t-paita.
Kuka ymmärtää runoilijan muusaa,
niin tuskallista on olla palvottu,
ujon miehen.

Miehiselle miehelle ei sovi
romanttiset höpinät, ei naisten löpinät.
Minä olen epätavallinen oinas,
niin tunteellinen. Hektisesti hetkessä
elävä, täynnä verta, ja lihaa.
Muodokasnainen, silmälle
ilo jollekin katsella, joka muodoista pitää.
Täyteläistä naista reittä,
vatsaa, käsivartta, pulleaa nännipihaa.
Mies sanoo: Ole hiljaa älä kirjoita mitään,
häpeän sitä, että silmissäsi näytän komealta.
Niin sanoo hän Aatami, eikä Eeva
meitä välttänyt tiedonpuun omenalta.

Klovni

Markkinahumussa näin klovnin tanssivan.
Niin ilosta surusta tanssiko hän?
Oli silmäkulmissaan jäljet kuivuneen kyyneleen.
Minä ohitse kuljin, sen pienoisen halvan kuppilan.
Tahdoin sille tanssivalle klovnille ojentaa
ruusun punaisen. Terälehdille hän, valutti
silmästään
kyyneleen vuotavan.
Niin hymyyn puhkesi hetkeksi tanssivan klovninsuu.
Sanoi minulle hän: kiitos ruususta vaalin sitä
niin kauan kunnes se lakastuu.
Laitan sitten lasiseen vaasiin kuivumaan.
Voi raikas ruusukin hetkua vielä,
jälkeen, kun sen aika elosta hehkuvasta kuivattaa.

Usvan keskellä

Usvan keskellä maailma nukkuu,
kesäyöhön pöllön huhuilu hukkuu.
Aamuun on aikaa yön voi vaeltaa,
usvasta nousee keijukaisten maa.
Niityllä tanssiin peikkojen piiri,
yksi on nimeltänsä Tuuliviiri.

Äitimaa rinnoillansa kantaa
menninkäisten armeijaa,
ne kiukkuisina yön nymfejä
tahtoo rakastaa.
Pilven päällä pumpulissa
nukkuu tähtitaivaan suuri kissa.
Silkkisissä unelmissa
pieni pohjanneito vaeltaa.
Kohti lakeuksia,
heinälatoon tahtoo nukahtaa.

Juhannus

Juhannus nöyränä tässä
huokaan.
Valkoiset liput liehuvat kylissä.

Elämä on tässä, ja nyt
uusi ajatus juuri sisälleni syntynyt.

Sylissäsi villinä värisen,
lämpimässä tuulessa hetken tärisen.

Lämpimässä kesässä,
kuin lintu omassa pesässä.

Juhannus juhlivaan joukkoon hyppään mukaan,
vaikka sitä huomaisi ei kukaan.

Keskikesän valoisimmassa yössä

Meitä on ollut aina,
tietäjiä, sekä sadunkertojia.
Meidät huomataan aina
silloin, kun aika on kypsä.
Jossain odottavat janoiset sielut
kaipaavat virvoittavaa sielunruokaa.
Keskikesän valoisimmassa yössä,
siinä kehrää magiantaitoinen viekas lukki.
Kehrää taikaverkkoa saalistamaan
pieniä hentoja keijukaisia.
Sisälläni kasvavat tarinat, maanaikojen alusta.
Siitä, kun Suomenmaa nousi
merestä. Silloin elivät satujenhahmot
täydellä terällään. Haltiat hallitsivat,
peikot pelottelivat, ja metsät olivat elämää täynnä.

Maahiset mahtailivat, vallasta
taistelivat valon, sekä pimeydenkansa.
Silloin synnyimme runojenlaulajat,
tarinankertojat. Olimme paikalla, kun savupirteissä
ihmiset taistelivat elannostansa.
Niin kuluivat kauniit kesäyöt
vuosisatojen halki.
Tarinat jatkoivat suusta suuhun kulkuaan.
Kunnes osa niistä ylös kerättiin, liitettiin
Kalevalaan.

Suomen kielen päivän kunniaksi

Ei ole aikaa, ei paikkaa,
hetkeä. On vain kirjailija,
ja sanojen loputon
illuusio.
Sielunveljiä väljillä vesillä,
kanootti, ja kuutamo,
hiljainen tulvan ympäröimähetki
majavanpesillä.
Elämä oko se tässä, ja nyt?
Olen sitä itseltäni monesti kysynyt.

Kyynmyrkkyä, paratiisin kallioilla.
Väinämöisen laulunkaiut,
Suomalaisilla soilla.
Suomalaisia sanoja, kevätsateiden välissä.
Routa, ja porsas, tulitikkuja lainaamassa.
Suomalaisen kulttuurin läpileikkaus,
elokuvasali, ja työttömyyskassa.

Kipinöivää toivoa

Ikuisuus tanssii sylissä kesäyön.
Minä olen luonasi tyyni, sekä vapaa.
Valaa rakkauden sisälläni muotoilen.
Tartutko kiinni käteeni,
keskellä ukkosmyrskyjen.
Minä olen suojassa, sielusi
sisälle sukellan.
On aika yhteisen telepatian.

On hiuksissani voima sen Simpsonin.
Sinä sormesi ympärille pujotat
suuren osan niistä,
muuten et nukutuksi saa.
Tämä yö me yhdessä matkataan,
huomien on tulevaisuus uusi.

Kämmenteni päällä, kipinöivää toivoa.
Jotain suurta odotusta leijuu ilmassa.
Ilma on muuttunut oikuttelevaksi.
Niin myös meidän sielumme
on oikutteleva merimuistojen.
En järkeä, kuule en mitään kielteistä nää.
Tämä unta kaunista onko, kun maailma herää?

Jumalaista Kiinalaista

Hän vielä tunsi huulillaan maun
hunajaisen teen, ja kiire
kantapäillään ajoi häntä sekaan
meluisen aamu liikenteen.
Se tee oli jumalaista Kiinalaista,
hän ystävälleen sitä suositteli maista.

Sitä joisi keisarikin, ja niin hyväntuulisena
muistaisi hellin ajatuksin jokaista alamaista.
Silloin kun aamunlapset heräävät,
ja rakkaudesta riutuvat, niin silloin
keitetään me tee. Sisällä surullisten,
vain lämpö, sekä aromit hiljaa heräilee.
Minä tämän runon kirjoitin, silloin ystävääni
muistelin: näen hänet aina palmikoin
niin punaisin. Niin lämmintä voi
olla ystävyys, kuin mitä hunaja ja tee.
Se sisälläni rauhoittaa ,silloin kuin
maailma ihmismieltä murjoo;
ajanrattaat surusta, tuskasta liikaa narisee.

Sanani

Sanani, riimini kieleni soi.
Sanat peräkkäin riimeiksi ankkuroi.
Avoimet haavat valtimoideni päällä,
kuin sieluni stigmat ne kivusta
kirvellen kipunoi.
En menneissä päivissä sitä purppuraa nää.
Kahleitani ei osaa katkaista,
ne kumaraan painavat naisen ryhdikkään.
Vuoria en osaa siirtää,
en kirkkaita tähtiä silmiini loistamaan piirtää.
Jatkuvaa melankoliaa, yksinäisyys
pyörii yön lakanoissaan.
Totuus siitä soditaan, kunnes
taistelukentille yksinäisyyden kaadutaan.

Maa oli syntinen laulu

Silloin maa oli syntinen laulu,
kyidenkynnyspuu pahuuden yli.
Yksinäisyyttä huusi esiäiti
Eevan syli. Tyhjyys huusi
sisälleen elämää, tähdet peliä
jotka katsetta heijastaa.
Alkumeressä kellui pahuus
kuutamon alla, kaikki
päätäntävalta oli Luojalla
iankaikkisuuden Jumalalla.

Silloin jossain atomissa sykki
kätkettynä elämänalkujuuri.
Aikakirjoihin kirjoitettiin
kaikki tulevaisuus, jopa Kiinanmuuri.
Yksi ainoa sanojen alkujuuri
huusi Jumalalle : luo kieli
jota kaikki ymmärrämme.
Luo kielelle lausujat, laulajat,
luo Väinämöinen, ja Suomenmaa,
jossa joutsenet poutapilvillä ratsastaa.

ITALIALAINEN

Italialainen on sellainen,
joka vastaa kysymyksillä
Tekee tyhmiä kysymyksiä, ennen kuin kerkiää
ajatella viisaasti. Vastaa varmasti
vaikka ei tietäisikään.

Jos kysyt italialaiselta tietä,
eksyt varmasti.
Sillä jokainen neuvoo harhaan
omalla ystävällisellä tavallaan.
Italian vaurauden uskotaan
perustuvan työlle, mutta se on harha.
Se perustuu höpöttämiselle,
ja kaikki puhuvat yhtä aikaa.
Italialainen juttelee aina
kaikkialla
ja joka asiasta hänellä on mielipide.

Italialainen on oikea toivehaastateltava.
Jokaisella italialaisella on oma mielipide ja
nukkuessaankin hän väittelee
jonkun kanssa.
Italialaisen väitellessä puhuvat
hänen kädetkin,
ja aito Italialainen rakastaa
naisia, ja baskeriaan.

Sanat viisaiden

Sanat viisaiden, ne tuulet vievät mukaan.
Ellei niitä kukaan kirjoita, kaiken
maailmassa kestäviin aikakirjoihin.
Minä en näyttele etsijää, odotan
vain sitä, että minut löydetään.

Niin erilaisia ovat osat maailman ihmisten,
tunnen sisälläni voiman prinsessan, sekä
heikkouden kerjäläisen. Se olkoon osani minun,
minä puen sanoiksi ajatukseni ,
niitä maailman ihmisille jakelen.
Niitä lukee yksinäinen mies New Yorkissa,
ja kaunis nainen jossain Vietnamissa.
Heiltä joskus kirjeen saan, sähköisesti
postiini uutisia kaipaavaan.

Vaan on pieni tämä kotimaa,
ei täältä löydy ainuttakaan miestä käteeni
tarttumaan.
Sisälläni aika kohta jo haalistuu pois.
Raivoissaan ajatukseni kirkuvat,
joukossa ihmismassojen, missä
on tie ja totuus, sanat viisaiden filosofien.

Isoisälle

Yksin hän hengitti,
muistonsa kengitti seppänä
hevosenkenkään takoi.
Muistot niin metallin raskaat,
ahjoon puhalsi palkeet
ilmaa lisää.
Muistellen surua,
rakkautta, kuollutta isää.

Hellimmän hetken,
elonsa retken raakalainen.
Isänmaansa uhrannut muukalainen.
Mafia, Sisilia sielua vailla,
tanniinit voimakkaat
geeniensä mailla.

Anni Domini, elämän maku,
muistojen kiivaiden, tahtiin haku.
Tanssien tarantellaa kyynelten
tahtiin. Polkien jalkaa
mafian vuodattaman veren mahtiin.

Silti hyvällä tuulella

Sielua piinaa ikävä loppumaton.
Sytytä sieluni lamppu,
tahdon tähän pimeyteen
vähän valoa.
Huuliltasi tahdon maistaa
sen helmeilevän, kuohuvan viinin.
Tahdon juopua sanoistasi,
sinulle lähetän nyt tämän
piinaavan ikävän.
Antaako olla eikä
sinulle enää sanaakaan?

Tahtoisin unohtaa sinut,
ja tämän routaisen kaupungin.
En tiedä mitä muuta haluaisin,
näissä tuulissa pääni
vilusta särkee aivan liikaa.
Torstai toivoa puhaltavat
tuulet sen, minä yhä
yksin peiton alla palelen.

Silti olen tänään kaipuuni
keskellä hyvällä tuulella.
Kuvasi sinun, se on sieluni peiliin
ikuisesti liimattu kiinni.
Se keväisin valon myötä,
tuskaa aiheuttaa, muistot
versovat liikaa, kasvavat kuin villiviini.

Aamuyöllä

Aamuyöllä sanat nukkuvat
utopian uurnassa.
Hiljaisuus valtaa runoilijan
mielen, mykkähuuto
lukitsee pulppuavan kielen.
Ei mitään inspiroivaa.
Odotan sanapiikkien
vallankumousta, nousevaa
pakonomaista sanojen
marssia barrikadilleni.

Minä lauloin, kuuntelin
kuinka hukutettu nuoruus
lauloi kanssamme Paronittaressa.
Siitä hiljaisesta pienikenkäisestä,
helposta pojasta, on kasvanut
äänekäs laulaja.
Sen tiesin jo vuosia sitten,
se vain oli palautettava mieleen
uudestaan.
Ne muistot kuinka itsekin
olen muuttunut , ja kasvanut.
Lapsivaimon tie kirjailijaksi,
se oli kivinen, ja arvaamaton.

Varjoihin vanhan iskelmän

Rakkaus haihtuu,
kasvot viereltäsi haihtuu.
Vain muistot jäävät
eilisen, huominen voi
olla peili sen aidon kaipauksen.
Muistoissani minä elän
täällä tänään taas,
sanoistani solmin seppeleen.
Josta hääkimpun teen
käteen naisen vanhenneen.

Peilini se on sirpaleista liimattu,
kokonaiseksi kasattu.
Minä hölmöyttäni täällä
maailman tiellä sorrun,
hetki hetken jälkeen uudestaan.
Sotkeudun seitteihin elämän,
ne vain vievät varjoihin vanhan iskelmän.
Voit pelastaa minut erakoksi joutumasta.
Minä sanojeni maailmassa taas
elän uudelleen, tunnen eilisen vain
otsaani salaa yöllä suudelleen.
Täältä toisiltamme me ehkä
joskus liikaa vaaditaan,
ja kultaa sekä mammonaa
turhaan palvotaan.

Loppukirjoitus

Ei korulauseita niitä
tarvitse en,
muutenkin tunnen
voiman sanojen.
Maailma se on paikka
kyynelten, ja hikipanojen.
Rakkautta voi runolla raapaista,
tai kaivella syvältä rinnan alta.

Voi kirjoittaa epäkohdista pakinan,
kun tuska sisältä ulos pursuaa,
ja maailma näyttää lohduttamalta.
Turha on ihmisen armoa pyytää,
hallitus hulluja lakejaan ulos syytää.
Uutiset eilen, ja tänään, ja nyt
on vakavaan saastaan pyöritetyt.

© 2014
Kustantaja: BoD – Books on Demand, Helsinki, Suomi
Valmistaja: BoD – Books on Demand, Norderstedt, Saksa
ISBN: 978-952-286-813-8